L'INTÉRÈT FRANÇAIS

DANS LA PLATA.

L'INTÉRÊT FRANÇAIS

DANS

LA PLATA

Extrait du journal L'ASSEMBLÉE NATIONALE,

Du 16 Février 1851.

Paris

IMPRIMERIE CENTRALE DE NAPOLÉON CHAIX ET C*,

Rue Bergère, 2), près du boulevart Montmartre.

1851

L'INTÉRÊT FRANÇAIS

DANS LA PLATA.

Un Français qui a été parfaitement à même d'étudier et de juger notre situation dans la Plata, nous a transmis un document précieux, dont nous nous rendons entièrement responsables en le livrant à la publicité.

« Pour quiconque a étudié la question de la Plata, il est incontestable que la France a le plus grand intérêt à soutenir la cause de Montevideo. Nous regardons comme superflu d'insister sur cette vérité, et notre but unique est de répondre dans cette note aux objections qui ne manqueront pas de surgir et qui pourraient égarer l'opinion de l'assemblée et du public sur cette question importante et vraiment nationale.

» Voici le résumé des arguments que nous opposent les partisans du nouveau traité de M. Le Prédour, qui n'est que la consécration du système dictatorial et ambitieux de Rosas.

» 1° L'honneur de la France ne saurait être engagé dans une pareille cause, et souvent, dans la pratique, les intérêts matériels doivent l'emporter sur le point d'honneur.

» 2° La situation est changée depuis trois ans ; les intérêts français sont déplacés ; Montevideo ne nous intéresse que secondairement, tandis que nous avons à Buenos-Ayres un nombre considérable d'émigrants.

» 3º Les Anglais ont jugé la question sous ce point de vue, et leur habileté pratique les a décidés à sortir promptement de ce pas difficile ; ils verraient de mauvais œil la France poser le pied dans l'Amérique du Sud.

» 4º On ne saurait accepter la responsabilité des fautes commises antérieurement et prendre fait et cause pour Montevideo, parce que des agents ont compromis nos intérêts.

» 5º Rosas est le seul homme capable de gouverner ces peuples; c'est avec lui seul que nous devons traiter.

» 6º Si on commençait des hostilités, on serait entraîné dans des guerres sans fin, ruineuses pour la France et sans résultat certain; on créerait à 2,000 lieues de distance une nouvelle Algérie.

» 7º Enfin, les parties réellement intéressées dans la question, savoir les Français résidant à Buénos-Ayres et les négociants de Bordeaux et du Havre, ont adressé des pétitions pour demander la ratification du traité Le Prédour.»

Nous allons examiner une à une ces diverses objections, que nous avons énoncées succinctement sans les affaiblir.

1º L'honneur de la France ne saurait être engagé dans une pareille cause ; et souvent, dans la pratique, les intérêts matériels doivent l'emporter sur le point d'honneur.

« 1º Si, lorsque les premières difficultés ont surgi entre la France et Rosas, le gouvernement français avait dit qu'il n'était pas digne de lui de lutter avec un simple gouverneur de province, on comprendrait cette attitude fière et dédaigneuse. Mais lorsque depuis vingt ans, on soutient une idée contre un gouvernement, si minime qu'il soit, lorsque plusieurs négociateurs ont été officiellement et publiquement accrédités auprès de ce gouvernement; lorsque, pour réparer nos échecs diplomatiques, notre canon a retenti sur les rives de la Plata, lorsque le sang français a coulé, lorsque nos compatriotes inoffensifs ont été volés et égorgés, on ne peut plus abandonner honorablement la question et terminer par rendre les honneurs militaires au pavillon de Rosas : ceci ne serait plus de la dignité, ce serait une indigne faiblesse qui révolterait tous les cœurs français.

. » Ce sentiment d'amour-propre national est si énergique dans notre pays, que nous regardons comme dangereux de le heurter — et cependant des hommes d'affaires nous disent que, dans la pratique, il faut savoir sacrifier les nobles inspirations, aux intérêts matériels—; mais, d'après ce raisonnement, poussé jusques dans ses conséquences logiques, une nation perdrait toute dignité, dévorerait toutes les offenses et pourrait en venir à préférer même une domination étrangère à une défense glorieuse, mais nuisible à son repos et à son commerce...

» Nous espérons, du reste, prouver plus bas que nos véritables intérêts sont à Montevideo et non pas à Buenos-Ayres, et que, par conséquent, les hommes d'affaires doivent être de notre avis, puisque nos intérêts et notre honneur nous tracent la même ligne de conduite.

2° La situation est changée depuis trois ans. les intérêts français sont déplacés; Montevideo ne nous intéresse que secondairement, tandis que nous avons à Buenos-Ayres un nombre considérable d'émigrants.

» 2° Il est certain que dans le moment actuel, il y a à Buenos-Ayres quinze mille Français qui généralement trouvent du travail, et quelques négociants qui font plus ou moins bien leurs affaires ; il est certain également que Montevideo ne contient plus que six mille Français, dont un millier porte les armes, tandis que les autres vivent de leur industrie ou souffrent toute sorte de misères, en attendant qu'on fasse droit à leurs justes réclamations.—La population française est donc déplacée, et la grande majorité de nos nationaux est passée de la rive gauche sur la rive droite de la Plata.

» Apprécions ce fait à sa juste valeur.

» En quittant la France, nos nationaux se dirigent toujours sur Montevideo.

» Nous avons vu nous-mêmes, en juin 1850, arriver des émigrants qui venaient reconnaître l'état de Montevideo avant de passer à Buenos-Ayres. Nos principales maisons de commerce sont encore à Montevideo. Les motifs de cette préférence sont faciles à expliquer. Le port de Montevideo est excellent et en rapports fréquents avec l'Europe ; Buenos-Ayres est à quarante lieues dans les terres ; l'arrivage est difficile et dangereux ; le mouillage est fort éloigné de la ville ; les transbordements longs et onéreux. Montevideo est pittoresque et entouré d'un pays fertile et merveilleusement arrosé ; Buenos-Ayres est au milieu d'un pays plat et exposé à de grandes sécheresses.

» Montevideo est une ville libre par excellence ; son gouvernement a pour base une constitution sage et libérale; Buenos-Ayres est sous la domination d'un tyran sanguinaire, dont la police secrète atteint partout et pèse incessamment sur les hommes et sur les choses. A Montevideo, les transactions se font en espèces métalliques et sans entraves ; à Buenos-Ayres, le commerce est soumis au régime d'un papier-monnaie qui n'a d'autre garantie que la parole du dictateur. Ce contraste, que nous ne voulons pas prolonger, explique suffisamment pourquoi les Français se rendaient en foule à Montevideo et non à Buenos-Ayres.

» Et maintenant, pourquoi nos compatriotes ont-ils quitté leur pays d'adoption pour passer dans la république Argentine ? Ce fait résulte de la nécessité dans laquelle étaient nos colons de gagner leur vie pendant que la guerre ravageait la Bande orientale; du découragement causé par nos indécisions, des manœuvres de nos agents, etc., etc.

» Mais, nous dira-t-on, le fait n'en existe pas moins et nous devons en tenir compte.

» Certainement OUI, si les Français étaient allés librement à Buenos-Ayres; mais certainement NON, si ces hommes ne sont là que contraints et forcés; certainement NON, si, le jour où la France se prononcera pour Montevideo, tous les travailleurs ne revenaient avec empressement et avec joie dans la Bande orientale; certainement NON, si ces hommes n'étaient déjà faits à ces migrations subites de l'une à l'autre rive du fleuve; certainement NON, enfin, si les intérêts généraux doivent passer avant les intérêts personnels de quelques individus.

» C'est donc une erreur de dire que les intérêts sont déplacés, parce que les Français sont en ce moment très nombreux à Buenos-Ayres. Nos grands intérêts nationaux et nos sympathies sont toujours à Montevideo ; le changement de résidence de quelques ouvriers malheureux ne saurait modifier la vérité des principes et des faits.

3° Les Anglais ont jugé la question sous ce point de vue, et leur habileté pratique les a décidés à sortir promptement de ce pas difficile. Ils verraient de mauvais œil la France poser le pied dans l'Amérique du Sud.

» 3° Personne n'ignore que les Anglais ne maintiennent leur prospérité que par le commerce et par leurs colonies. Ce peuple travaille à s'étendre sans cesse, et depuis longtemps il cherche à regagner dans l'Amérique du Sud le terrain qu'il a perdu dans l'Amérique du Nord ; enfin on sait que les Anglais sont très persévérants dans leurs projets de conquête, et qu'en attendant ils ne reculent devant aucun moyen pour faire des affaires.

» Ceci posé, l'Angleterre, après avoir vainement tenté la conquête de la Plata en 1806 et 1807, a pris ses dispositions pour l'avenir. Son armée est au cap de Bonne-Espérance, son avant-garde aux îles Malouïnes ; de 1845 à 1848, des circonstances politiques l'ont entraînée à agir de concert avec nous, pour renverser Rosas. Mais, voyant que cette affaire traînait en longueur, peut-être par sa faute, elle a profité, en 1848, de nos embarras intérieurs pour reprendre son indépendance ; et, sans toucher à la question difficile de Montevideo, elle a traité avec Rosas pour se ménager le marché de Buenos-Ayres, et pour établir solidement son influence dans le pays, tandis que nous manœuvrions de manière à nous aliéner tous les partis.

» Voilà, en deux mots, la politique de l'Angleterre dans la Plata.

» Quant à l'attitude que prendrait cette puissance dans le cas où la France se déciderait à agir énergiquement, elle est facile à prévoir, et les exemples de Saint-Jean-d'Ulloa et de Tanger sont là pour confirmer notre opinion.

» Nul doute que l'Angleterre verrait avec déplaisir la France se créer des alliés utiles et établir son influence dans l'Amérique du Sud ; mais le droit est pour nous, puisque nous défendons les traités de 1828 et de 1840 (dont le premier a été inspiré par l'Angleterre elle-même), et puisque par l'intervention commune de 1845, l'Angleterre a reconnu la validité de nos griefs.

» Il est donc impossible qu'en droit et en fait l'Angleterre songe à s'opposer à nos entreprises.

» Quant aux autres puissances américaines, il serait encore moins rationnel de supposer que l'intervention de la France pût leur faire ombrage, puisqu'il ne s'agit point ici de conquête, et que notre unique but est de maintenir l'état actuel des choses contre les prétentions ambitieuses de Rosas.

» 4° Quelques personnes ont prétendu que , si l'honneur de notre pavillon était compromis dans cette affaire, si une alliance de fait avait été contractée entre les Français et les Montévidéens, si les soldats des deux pays avaient combattu côte à côte, si nous avions entraîné les Orientaux dans une lutte armée contre Rosas, enfin si nos nationaux avaient pris part à la défense de Montevideo , ce n'était point d'après les ordres du gouvernement français, dont la responsabilité ne pouvait être engagée par l'opinion personnelle et les actes imprudents de quelques-uns de ses agents.

» Cette assertion est purement erronée, et pour s'en convaincre, il suffit de se reporter aux discours prononcés à cette époque par M. Thiers, alors ministre des affaires étrangères, à la protestation de M. de Lurde, ministre plénipotentiaire de la France à Buenos-Ayres au moment de l'invasion, enfin aux instructions données à M. Deffaudis, par M. Guizot. Il résulte de ces documents authentiques que MM. les amiraux Lainé et Leblanc, et M. Deffaudis, n'ont point agi d'après leurs inspirations personnelles, mais bien d'après les ordres formels et écrits du cabinet français.

» Il serait donc injuste de vouloir dégager notre responsabilité par cet argument; il reste acquis, comme un fait incontestable, que c'est la France qui a poussé Montevideo dans cette guerre, que c'est la France qui a soutenu, même les armes à la main, le principe de l'indépendance de la Bande orientale, et que notre gouvernement ne peut en arriver à renier son passé et ses engagements solennels.

» 5° On nous dit encore que Rosas est le seul homme capable de maintenir l'ordre dans ce pays et que nous ne pouvons donner de la stabilité à nos relations commerciales avec la Plata qu'en acceptant les propositions du dictateur.

» Ceci est une fausse appréciation qu'il est facile de redresser.

» Rosas, par des cruautés inouïes dans les annales des peuples, est parvenu à se créer le pouvoir le plus absolu qui ait jamais existé. La terreur qu'il inspire maintient non pas dans la tranquillité, mais dans la prostration la plus complète, un peuple épuisé par les guerres civiles et retombé dans l'abattement et la soumission abrutissante que lui imposait l'ancienne Inquisition.

» Ce despote a fait périr par le fer et par le poison, non seulement ses ennemis, mais encore ses rivaux. Il résume en sa personne toutes les administrations, et ses caprices sont la seule loi du pays. Son ambition, peu satisfaite par une usurpation violente, rêve la restauration de la vice-royauté espagnole; c'est vers ce but que tendent tous ses efforts. Le peu de popularité qui s'attache à son nom résulte de sa haine profonde pour les étrangers quels qu'ils soient, et rien ne prouve que lorsque nous aurions favorisé ses projets de domination, il daignerait accorder les moindres priviléges à notre commerce, en reconnaissance de notre faiblesse....

» En admettant même que le prix de nos concessions fût quelque avantage commercial, il ne faut pas se dissimuler que cet avantage, si chèrement acheté, ne serait que temporaire; car il est certain qu'à la mort de Rosas, l'anarchie et la guerre civile ravageront la confédération Argentine. Le joug de fer qui fait courber la tête à toutes les ambitions, à toutes les haines, étant brisé, aucune institution politique ne protégeant l'ordre social, une lutte inextricable doit s'engager, et nous le demandons à tous les hommes de bonne foi, que deviendront les intérêts français au milieu de ce cataclysme? N'est-il pas évident que nous n'aurons plus alors aucun ami dans l'Amérique du Sud? Le parti libéral nous repoussera comme ses ennemis et le parti absolutiste nous dédaignera comme impuissants!

» Nous croyons, en conséquence, que nous devons nous attacher aux principes de l'honneur et du droit, aux grands intérêts d'avenir ; que nous devons résister aux insinuations intéressées de quelques individus, et que nous ne pouvons nous laisser influencer par le triomphe passager d'un brigand heureux.

6° Si on commençait les hostilités, on serait entraîné dans une guerre sans fin, ruineuse pour la France et sans résultat certain; on créerait à 2,000 lieues une nouvelle Algérie.

» 6° Toutes les opérations militaires doivent se préparer en secret : c'est la première chance de succès. Il serait donc inopportun d'exposer ici un plan de campagne. Nous croyons pourtant pouvoir en dire assez pour détruire les appréhensions de ceux qui craignent de trouver dans la Plata une nouvelle Algérie.

» L'expédition française pourrait n'avoir d'autre but que de chasser les troupes argentines du territoire Oriental, et par suite de faire respecter les traités que nous avons signés, de rester fidèles à nos antécédents, enfin d'obtenir dans l'Amérique du Sud une salutaire influence très-utile à notre commerce et à l'excédant de notre population.

» Dans ce système, le théâtre de la guerre serait une contrée magnifique , abondamment pourvue d'eau , de bois et de troupeaux, sous un climat excellent , avec une ligne d'opération assurée par le fleuve de l'Uruguay , avec des frontières parfaitement déterminées. Sur ce terrain de trois cents lieues de circonférence , nous aurions à combattre quatre ou cinq mille hommes de troupes médiocres , ayant pour nous un nombre à peu près égal d'indigènes. Après la victoire , nous pourrions nous retirer honorablement après avoir dégagé notre parole , ou bien nous pourrions contribuer par un faible détachement à la conservation de la seule frontière menacée. Cette frontière, de 60 lieues de longueur, est couverte par l'immense fleuve de l'Uruguay et serait très-facile à garder; pendant ce temps-là, les émigrés qui ont fui devant l'armée de Rosas rentreraient dans leurs foyers, les immigrations reprendraient leur puissant essor, le pays se reconstituerait promptement, et notre tâche serait glorieusement et utilement terminée.

» Les frais de la guerre ne sauraient être considérables, d'après ce que nous venons d'exposer; il serait d'ailleurs facile de les recouvrer en signant une convention préalable avec l'Etat oriental.

» Ce peu de mots suffit pour faire voir combien sont chimériques les craintes de ceux qui voient dans la Plata une nouvelle Algérie. A Montevideo, nous ne sommes point animés d'un esprit de conquête, nous agissons sur un terrain parfaitement circonscrit; nous opérons sous un climat excellent, nous trouvons toutes les ressources de la vie, nous sommes en rapports sympathiques avec une population presque française, qui a nos mœurs, notre religion; enfin, au lieu de conquérir des déserts où vont s'enfouir nos soldats et nos trésors, nous obtenons, sans frais, un immense débouché précieux et sûr pour nos bras et nos intelligences inoccupés.

7° Enfin les parties réellement intéressées dans la question, savoir les Français résidant à Buenos-Ayres et les négociants de Bordeaux et du Havre, ont adressé des pétitions pour demander l'approbation du traité Le Prédour.

» 7° Pour faire comprendre le peu d'importance de ces pétitions, il nous suffit de dire les circonstances dans lesquelles elles se sont produites.

» Nous avons indiqué les motifs qui avaient forcé les Français à quitter Montevideo pour aller à Buenos-Ayres. Les Français, généralement Basques d'origine, sont de simples manœuvriers qui travaillent dans les *saladeros*. Auprès de ces hommes inoffensifs et laborieux se trouvent quelques meneurs qui cherchent à exploiter les situations quelles qu'elles soient, et qui, placés sur ce terrain, ont tout intérêt à s'y maintenir. Ce sont ces meneurs, encouragés, il faut le dire, par l'attitude de nos agents diplomatiques, qui ont soumis à la signature des Basques la pétition rédigée à Buenos-Ayres. Il est inutile de rechercher quels sont les arguments et les manœuvres qui ont été employés pour faire signer ces braves gens. — Mais en réfléchissant à la position des promoteurs et des signataires de la pétition, on peut apprécier assez exactement sa valeur.

Quant aux pétitions émanées de nos ports de commerce, voici leur origine :

« Le commerce se préoccupe fort peu des considérations politiques et de l'avenir. Il cherche des affaires et de l'argent partout où il peut et quand il peut. Or, la place de Montevideo étant pour le moment complétement annulée par suite de la guerre et du blocus de Rosas, nos bâtiments transatlantiques ont été forcés de reporter leur commerce à Buenos-Ayres ; dès lors, quelques rares affaires se trouvent engagées sur ce marché. Ceci posé, les négociants dont les intérêts personnels se trouvent actuellement engagés à Buenos-Ayres, ont dû solliciter et obtenir facilement de leurs collègues indifférents dans la question de signer une pétition pour le maintien de l'état de choses.

» Ainsi donc, nous voyons que les pétitions de Buenos-Ayres et de France, auxquelles on accorde beaucoup trop d'attention, ne sont que le fait d'un petit nombre de spéculateurs personnellement intéressés au *statu quo*, mais qu'elles ne représentent en aucune manière les intérêts généraux du pays. »

DELIGNE.

Nous n'ajouterons rien à ces considérations si claires et si vraies ; nous ne pouvons douter d'ailleurs, quelle que soit la détermination que prenne M. le ministre des affaires étrangères, que la même assemblée qui a repoussé si énergiquement le premier traité de M. Le Prédour, ne refuse son approbation à celui qui va lui être soumis, et qui est bien moins acceptable que le précédent.

On tiendra compte, sans doute, des circonstances bien différentes dans lesquelles ces deux pièces diplomatiques ont été rédigées. En 1848, M. Le Prédour était sans instructions, il était préoccupé de nos événements intérieurs; il était surpris par l'isolement dans lequel nous laissait l'Angleterre. En 1850, au contraire, l'amiral avait des ordres formels de son gouvernement; il connaissait l'opinion de la France et de l'assemblée législative; il était appuyé par une forte escadre et par quinze cents hommes de débarquement. L'assemblée était en droit d'espérer de meilleures conditions; mais les efforts qu'elle avait faits pour y parvenir ont été vains. M. Le Prédour a persisté dans son système de concessions et de paix à tout prix. Il a eu soin de cacher le plus possible nos malheureux soldats et a fini par retourner contre nous les armes que la France avait mises en ses mains! Assez d'hésitations et de faiblesse! Le moment est venu de montrer de la résolution et de l'énergie.

Le secrétaire de la rédaction : Aug. Jeunesse.

OUVRAGES PUBLIÉS SUR MONTEVIDEO.

Notice sur la République orientale de l'Urugay, par
M. ANDRES LAMAS, chez Guillaumin et Cᵉ, rue
Richelieu.

Réponse aux détracteurs de Montevideo, publiée par le
général PACHECO-Y-OBES, chez Napoléon Chaix et Cⁱᵉ,
20, rue Bergère.

*Rectification des faits calomnieux attribués à la dé-
fense de Montevideo,* par le général PACHECO-Y-OBES,
chez Napoléon Chaix et Cⁱᵉ, 20, rue Bergère.

*Lettre du général Santacruz au Dictateur de
Buénos-Ayres, D. J. Manuel Rosas,* chez Didier,
rue Jacob.

Buénos-Ayres, par CHAUVET-CHAROLAIS, chez Simon
d'Autreville, rue Neuve-des-Bons-Enfants.